0

EL CAMINO HACIA LA LIBERTAD

(DESDE UNA ÓPTICA DERECHO HUMANISTA)

ENSAYO DE: LIC. CARLOS E. VARGAS BRAVO

DEDICADO A:

A mi esposa: *compañera, amiga y cómplice de todas mis aventuras*

a mis hijos: *motor e inspiración de mi vida*

a mis padres: *mi orientación y consuelo en tiempos buenos y malos*

a mis abuelos: *ejemplo y orgullo.*

"No hay camino sencillo hacia la libertad en ninguna parte y muchos de nosotros tendremos que pasar a través del valle de la muerte una y otra vez antes de alcanzar la cima de la montaña de nuestros deseos.."

Nelson Mandela

ÍNDICE

PRÓLOGO

En este interesante y pertinente ensayo se nos invita a hacer un recorrido que parte del concepto de libertad en sus vertientes individual y colectiva -no sin antes formular una acertada crítica al abuso del término sobre todo por la inmediatez en el acceso a fuentes de información que en muchas ocasiones no son confiables-, y a la que considera como el "derecho fundamental por excelencia" conforme a lo señalado por la doctrina y diversos instrumentos internacionales, para posteriormente hacer referencia a la esclavitud como antítesis de la libertad así como a algunas de las principales restricciones a la misma, y finalmente aterrizar en una serie de derechos que guardan un vínculo estrecho con la libertad.

Entre estos derechos sobre los cuales reflexiona Carlos Vargas como al libre desarrollo de la personalidad; los intelectuales en los que incluye a la libertad de convicciones éticas, de conciencia, pensamiento, opinión y religiosa; así como el derecho de acceso a la tecnología y redes sociales, destaca el derecho a la libertad física o personal al que también califica como un principio inspirador y sobre el cual hace un análisis a partir de un enfoque de derechos humanos que, me parece, constituye una de las aportaciones más importantes del presente trabajo.

Como atinadamente señala el autor, el castigo corporal o la pena privativa de libertad debe ser una medida extrema o la última ratio, y con especial énfasis cuando se trata de la prisión preventiva, pues en nuestra Carta Magna se encuentra consagrado el principio de presunción de inocencia que es además la base del nuevo sistema de justicia penal acusatorio que fue creado mediante reforma constitucional aprobada en 2008, y tras un periodo de implementación entró en vigencia plena ocho años después.

Los supuestos para que proceda la prisión preventiva ya estaban contemplados como una medida excepcional en caso de existir riesgo para la víctima, para la sociedad, o que se presenten elementos objetivos para presumir que el presunto implicado pudiera evadirse.

Sin embargo, la reciente ampliación del catálogo de delitos que ameritan prisión preventiva oficiosa, es decir, que el imputado lleve su proceso en cautiverio sin necesidad de que se actualicen los supuestos citados anteriormente, en los hechos vuelve nugatoria la presunción de inocencia y constituye el cumplimiento anticipado de una pena corporal sin haberse acreditado previamente la responsabilidad y emitido una sentencia tal y como se mandata en el artículo 20 de la Constitución.

En este sentido, es muy oportuna la referencia al informe de la Comisión Interamericana de Derechos Humanos en el que afirma que la aplicación arbitraria de la prisión preventiva representa un grave problema para el respeto y garantía de los derechos de las personas privadas de la libertad, y es contraria a la esencia del estado de derecho y a los valores de una sociedad democrática, por lo que ha recomendado que se suprima del texto constitucional.

Por su parte, el autor considera que la decisión del legislador para reforzar la prisión preventiva oficiosa como una medida para enfrentar la situación de inseguridad por la que atraviesa el país, no sólo ha sido ineficaz como lo demuestra el incremento en el Índice Global de Impunidad así como en la Tasa de Incidencia Delictiva del

INEGI, sino que con el tiempo incluso puede agravarla y convertirse en causa de hacinamiento en los centros penitenciarios y de graves violaciones a derechos humanos abriendo la puerta a la tortura.

Estoy cierto que en este excitante recorrido por el "Camino Hacia la Libertad" al que nos invita Carlos Vargas Bravo, cada lector tendrá la posibilidad de identificar distintas vetas que contribuyan a enriquecer la discusión sobre el significado e importancia de este derecho fundamental que aún sigue siendo una aspiración en algunas latitudes

AGUSTIN CASTILLA MARROQUÍN

Licenciado en Derecho por UNAM

Maestro en Derecho Parlamentario y Técnica Legislativa

Diputado de Representación Proporcional de la fracción del PAN LXI legislatura

Presidente de la Comisión de Gobernación

Asesor en Derecho Electoral y Técnica Legislativa

INTRODUCCIÓN

Tristemente el término "LIBERTAD" ha sido mal utilizado, abusado y hasta en ocasiones prostituido por políticos, publicistas, cineastas, escritores, religiosos, periodistas, medios de comunicación, y en general por la sociedad consumista y superficial que hoy vive a máxima velocidad, que se mueve, reacciona a través de la tecnología, así como las redes sociales que en muchas ocasiones prejuzgan y condenan a cualquiera sin mayor información o fuente que aquella que se "encuentra a la mano" en las mismas redes, y que, invariablemente no son ni siquiera fuentes confiables o válidas.

Buscando un concepto de libertad encontramos el de Jean-Paul Sartre que nos señala que la libertad es aquella que nos define como seres humanos, el filósofo asegura que *"El ser humano está condenado a ser libre, y al ser libre tiene la responsabilidad de decidir sobre su propio ser"*. Es a través de sus decisiones que el ser humano decide ser lo que es, y es por eso que *"la existencia precede a la esencia"*, entendiendo la esencia como un conjunto de rasgos que de una u otra forma estarán presentes en un objeto para que este objeto sea lo que es. Es decir, el concepto eleva al nivel de pensamiento la esencia misma del objeto, por tanto, el hombre es libre porque así se conceptualiza a sí mismo y en consecuencia actúa y decide.

La libertad es un camino de dos vías con muchas aristas, sin embargo, a efecto de entender su concepto podemos "dividir" la libertad en dos: La libertad como derecho individual, y la libertad como derecho colectivo.

La libertad individual incluye en otros el derecho a la libre manifestación de las ideas, al libre desarrollo de la personalidad, a la elección de las creencias y la fe, al tránsito dentro del territorio del país, a la elección de la actividad laboral a desarrollar, a la formación de una familia, a la privacidad, a votar y ser votado en una elección e incluso hoy a la identidad de género.

La libertad colectiva es aquella que nos afecta como parte de un grupo social, y particularmente hablamos de la libertad de asociación, de reunión pacífica, la libertad sindical y el derecho a la manifestación.

La libertad implica básicamente la posibilidad de hacer, pensar, creer, moverse, estudiar, trabajar, y sobre todo ser, dentro del marco de la ley. Es sin duda el derecho fundamental por excelencia, es un concepto que además se encuentra íntimamente ligado a la democracia. Aristóteles, gran filósofo griego se refería a la libertad (obviamente entendiendo el entorno histórico y social de esa época) como: *"El hombre libre debe hacer su voluntad, así como el esclavo debe someterse a la ajena".*

La antítesis de la libertad es la esclavitud, ésta requirió largas luchas para que se lograra su abolición en la mayor parte del mundo, y ello ha difícil ya que la esclavitud significa una mano de obra dócil y barata al servicio de intereses económicos y geopolíticos importantes y poderosos.

Esta carencia total y absoluta de libertad que es la esclavitud disminuye a la persona a una calidad de objeto con el mismo valor que tiene un caballo o una vaca, que tiene un dueño o amo.

Sin embargo, existen otras formas de restricción de la libertad que de hecho aún están vigentes en algunas zonas del mundo como son las restricciones a la libertad de culto, libertad sexual, a la libre expresión, al libre tránsito, libertad de profesión, libertad política, etc.

El principal elemento de validez para considerar un acto humano como voluntario es la libertad, lo que puede acarrear consecuencias jurídicas al autor de éste; la intención y el discernimiento son los otros dos elementos.

De hecho, algunos actos pueden ser libres e incluso contener el elemento del discernimiento, pero ser no intencionales, por lo tanto, podría responsabilizar a su actor por hechos de tipo culposo.

Este ensayo pretende hacer un breve recorrido por los principales derechos relacionados con la libertad y que los Tratados Internacionales y nuestra Constitución Mexicana tutelan y protegen.

EL CAMINO DE LA LIBERTAD EN LA HISTORIA

.

Desde que el ser humano es un ser "pensante" y vive en comunidad sedentaria el deseo de libertad ha tenido como enemigos íntimos y némesis natural a la esclavitud, la superstición, la ignorancia, el ímpetu de

conquista, el afán del poder de unos y, la desesperada necesidad de alimentarse de otros.

La libertad al igual que otros derechos humanos, han sido el motivo y pretexto para el crimen y el abuso desde sus inicios en Atenas Grecia hace dos mil quinientos años, hasta el día de hoy donde en algunas partes del mundo aún es un derecho meramente aspiracional y el estado no garantiza su ejercimiento. La libertad es hoy una especie de

14

delicado fruto de la civilización, el estado derecho y la legalidad, sin embargo, ha pasado ya más de un siglo desde que algunos gobiernos han decidido ser libres y han respetado éste como un derecho inherente de sus ciudadanos y habitantes

Durante algunos intervalos largos de tiempo el ser humano ha detenido el desarrollo de la libertad y, por completo, en algunas ocasiones. Esto cuando alguna nación ha sido víctima de una conquista, intervención, expansionismo imperial, ataques bárbaros, saqueos, dominio extranjero militar, guerra civil, guerrilla, y sobre todo cuando el hambre o enfermedad se presentan cual conquistador invencible.

Durante el devenir de la historia mundial la libertad no ha encontrado otro obstáculo tan constante y complicado para superar como la confusión de la naturaleza misma de la libertad, las ideas mal interpretadas o erróneas de este concepto le han hecho un daño mayor que incluso los intereses hostiles a la libertad.

Para comprender la libertad como concepto debemos entender primero la esclavitud, ya que este fenómeno es por excelencia el enemigo natural e histórico de la libertad.

La esclavitud está ligada íntimamente a la historia de la humanidad, desde el antiguo Egipto, la antigua Roma, los pueblos bárbaros, las civilizaciones prehispánicas en América, las tribus africanas, los Estados Unidos de Norteamérica hasta la guerra de secesión etc.

El comercio, tráfico y uso de esclavos llegó a ser un pilar incluso en la economía de las naciones, tanto como producto de guerras imperialistas o de conflictos entre naciones. En muchas ocasiones los prisioneros de guerra eran esclavizados por los vencedores y se les obligaba a trabajar especialmente en el campo, en tareas civiles como mano de obra para construcción, agricultura, pesca, ganadería, aunque también era muy común su explotación en el servicio doméstico. En la antigüedad era muy común que en los hogares de las familias de clases con mayor poder económico o político utilizaran habitualmente esclavos como parte de su servicio y mano de obra.

Los siglos XVII y XVIII fueron marcados en la historia de la humanidad como el parteaguas en la historia de la libertad, en la mayoría de los países del mundo se abolió la esclavitud, en algunos casos simplemente mediante la creación de bandos y leyes, y en otros casos mediante la violencia y la guerra, pero al final el abolicionismo logró terminar con este flagelo de la humanidad, cabe mencionar que el último país en abolir la esclavitud fue Mauritania en el año 1981.

A continuación, se enlista de manera cronológica la historia de la abolición de la esclavitud en el mundo. *(a)

1791 - agosto   Rebelión de los esclavos de la parte francesa de la isla de Santo Domingo (actual Haití).

1793   abolición de la esclavitud en la parte francesa de la isla de Santo Domingo (actual Haití).

1794 - 4 de febrero   Promulgación del decreto de la Convención del 16 pluvioso del Año II de la República Francesa por el que se abolía la esclavitud.

1802 - 20 de mayo   Promulgación de la ley del 30 floreal del Año X de la República Francesa por la que se "mantenía"- en realidad, se restauraba - la esclavitud en las colonias ultramarinas francesas con arreglo a la legislación anterior a 1789.

1803   Dinamarca prohíbe la trata negrera

1807   la Gran Bretaña prohíbe la trata negrera, así como la importación de cautivos y esclavos por parte de los Estados Unidos de América.

1814   los Países Bajos prohíben la trata negrera.

1815 - febrero Las potencias europeas (Austria, Francia, Gran Bretaña, Portugal Prusia, Rusia y Suecia) se comprometen a prohibir la trata negrera en el Congreso de Viena. El 29 de marzo, Napoleón I promulga un decreto de abolición de la trata negrera durante los "Cien Días" que duró la efímera restauración del Imperio Francés.

1818 - 15 de abril   Promulgación en Francia de la primera ley de prohibición de la trata negrera.

1821   fundación en París de la Sociedad de la Moral Cristiana, seguida un año más tarde por la creación de su Comité para la abolición de la trata y la esclavitud.

1822   abolición de la esclavitud en Santo Domingo.

1823   abolición de la esclavitud en Chile.

1826   abolición de la esclavitud en Bolivia.

1827 - 25   de abril Promulgación en Francia de la segunda ley de prohibición de la trata negrera.

1829   abolición de la esclavitud en México.

1831 - 22 de febrero   Promulgación en Francia de la tercera ley de prohibición de la trata negrera.

1833 - 1838   abolición de la esclavitud en colonias británicas de las Indias Occidentales, Guyana y Mauricio.

1834   fundación en París de la Sociedad Francesa para la Abolición de la Esclavitud.

1839   fundación en Londres de la Sociedad Antiesclavista Británica y Extranjera que empieza a publicar el boletín Anti-Slavery Reporter. Esta sociedad prosigue todavía sus actividades con el nombre de Anti-Slavery International y sigue publicando su boletín.

1846 - 1848   Abolición de la esclavitud en las colonias danesas de las Islas Vírgenes.

1846   abolición de la esclavitud en Túnez.

1847   abolición de la esclavitud en la colonia sueca de San Bartolomé.

1848   abolición de la esclavitud en las colonias francesas.

1851   abolición de la esclavitud en Colombia.

1852 - febrero   Promulgación en Francia de los primeros decretos relativos a la contrata de trabajadores libres en África y la India con destino a las colonias del Caribe.

1853   abolición de la esclavitud en Argentina

(a) Organización de las Naciones Unidas, Proyecto La Ruta del Esclavo, Francia 2010, recuperado de http://www.cinu.mx/ruta-esclavo/cronologia-de-la-esclavitud.php

Jean Jacques Rousseau es un claro ejemplo en la historia de la filosofía de la importancia que el concepto "libertad" tuvo en los grandes pensadores del siglo XVIII, toda vez que las ideas políticas de este filósofo y pensador fueron influencia clara en la Revolución

Francesa, el desarrollo de las teorías Republicanas y el crecimiento del nacionalismo.

Uno de sus principales postulados "El hombre nace libre" muestran que Rousseau fue un partidario de la libertad, en "El Contrato Social" cuando Rousseau habla de la esclavitud señala *"Renunciar a su libertad es renunciar a su condición de hombre, a los derechos de la humanidad y aun a sus deberes. No hay resarcimiento alguno posible para quien renuncia a todo".*

EL CAMINO DE LA LIBERTAD COMO UN DERECHO HUMANO

Hablar de libertad en nuestros días parece ser algo común y que todas y todos damos por sentado como un derecho fundamental, sin embargo, el término libertad tiene una gran variedad de conceptualizaciones y muy diversas. La idea es magistralmente descrita por Montesquieu en su obra "El Espíritu de las Leyes":

"No hay palabra que tenga más acepciones y que de tantas maneras diferentes haya

impresionado a los espíritus, como la palabra libertad. Para unos significa la facilidad

de deponer al mismo a quien ellos dieron poder tiránico; para otros la facultad de elegir

a quien han de obedecer; algunos llaman libertad al derecho de usar armas, que

supone el de poder recurrir a la violencia; muchos entienden que es el privilegio de no

ser gobernados más que por un hombre de su nación y por sus propias leyes… Cada

uno llama libertad al gobierno que se ajusta más a sus costumbres o sus inclinaciones;

pero es lo más frecuente que la pongan los pueblos en la república y no la vean en las

monarquías, porque en aquélla no tienen siempre delante de los ojos los instrumentos

de sus males. En fin, como en las democracias tiene el pueblo más facilidad para hacer

casi todo lo que quiere, ha puesto la libertad en los gobiernos democráticos y ha confundido el poder del pueblo con la libertad del pueblo."

En cuanto a la convencionalidad del derecho a la libertad personal los artículos tercero y noveno de la Declaración Universal de los Derechos Humanos, así como los artículos primero y veinticinco de la Declaración Americana, noveno y onceavo del Pacto de Derechos

Civiles y Políticos de la ONU, el artículo séptimo de la Convención Americana, el artículo trigésimo del Pacto de San José de Costa Rica y el treinta y siete de la Convención Sobre los Derechos del niño, contemplan la libertad como valor y derecho fundamental.

La Constitución Política de los Estados Unidos Mexicanos de 1917 sin duda presenta la influencia clara de la tradición del pensamiento filosófico liberal de finales del XIX, pero es también la primera constitución que incluye principios propios del Derecho Social.

Nuestra Constitución vigente actualmente contempla la libertad en los siguientes artículos:

Artículo 1° Prohibición de la esclavitud, artículo 2°. Libertad por nacimiento o ingreso al país, artículo 3o. Derecho a la educación libre, laica, pública y gratuita. artículo 4°. Libertad de profesión, industria o trabajo, artículo 6o. Libertad de expresión, artículo 7o. Libertad de imprenta, artículo 8o. Libertad para ejercer el derecho de petición ante funcionarios y empleados públicos. Artículo

8o. Derecho a recibir una respuesta a la petición formulada, artículo 9o. Libertad de asociación, artículo 9o. Libertad de reunión, Artículo 10. Libertad para poseer armas en el domicilio para la defensa particular, Derecho a portar armas, artículo 11. Libertad de tránsito en cuatro modalidades: a) para ingresar al país; b) para salir del país; c) para viajar por el país; d) para cambiar de residencia. artículo 25. Libre circulación de la correspondencia, artículo 28. Libre concurrencia económica, artículos 4o. y 123. Libertad de trabajo digno y socialmente útil, artículos 24 y 130. Libertad de profesar una creencia religiosa, libertad de cultos y separación del Estado y la Iglesia. artículo 115. Municipio libre.

Si bien en La Declaración Universal de los Derechos Humanos adoptada por la Asamblea general de las Naciones Unidas en su Resolución 217 A (III) del 10 de diciembre de 1948 reconoce en sus 30 artículos aquellos que se consideran como los fundamentales o básicos, y, entre ellos en 13 de los artículos (1,3, 4, 15,16, 18,19, 20, 21, 23, 26, 27 y 29) se hace mención de la libertad en sus diferentes expresiones y tipos de libertad, las naciones signantes de dicho tratado, fueron poco a poco ratificando y adoptando en sus diferentes cuerpos normativos el reconocimiento de éstos. Esta adopción de manera muy lenta fue permeando en políticas públicas y acciones de los gobiernos.

Esta declaración aunada a los Pactos Internacionales de Derechos Humanos además de sus protocolos forma lo que se conoce como la Carta Internacional de Derechos Humanos. Si bien es cierto que la Declaración es básicamente un documento meramente orientativo, los Pactos, por otro lado, son tratados internacionales que vinculan a los Estados Firmantes y los obligan al cumplimiento cabal.

Como previamente señalamos, uno de los principales derechos reconocidos y protegidos en el artículo 17 constitucional es el derecho a la libertad personal, el cual además de ser un derecho es también un principio inspirador

EL CAMINO DE LA LIBERTAD FÍSICA Y LA PRISIÓN PREVENTIVA OFICIOSA EN MÉXICO

El significado de libertad física radica en la libertad del cuerpo y ambulatoria, es decir que nadie debe ser privado de ésta de ninguna manera si no ha cometido un delito y este ha sido probado previo juicio ante una autoridad judicial con competencia para conocer el asunto, y una vez desahogado todo el procedimiento penal acusatorio y adversarial. Nuestra Constitución Política, promueve, permite e incluso consagra la prisión preventiva oficiosa, esto en su artículo 19 recientemente reformado, y que ofrece un catálogo muy amplio de delitos que deben ser castigados (aunque a aquéllos que están a favor de este tipo de medidas nieguen que sea un castigo) de manera oficiosa y vulnera de manera cínica el principio de presunción de inocencia. Nuestra Carta Magna, es sin duda, en este punto, contraria a los tratados Internacionales y a las normas vinculantes del Derecho Internacional, tal y como en diferentes momentos lo han expresado los diferentes órganos de interpretación internacionales.

Las recientes reformas al artículo 19 con el tiempo lograrán agravar la situación de inseguridad en nuestro país y se convertirán en la principal causa del hacinamiento de presos en los centros penitenciarios, pero peor aún, serán causa de graves violaciones a los derechos humanos, especialmente de aquellos segmentos más vulnerables de la población, además de que afectan y afectarán la  independencia judicial y abrir nuevamente la puerta al fantasma de la tortura que no ha podido ser erradicado en nuestro país.

La Comisión Interamericana de Derechos Humanos se ha manifestado en varias ocasiones refiriéndose a la nula compatibilidad de la figura de Prisión Preventiva Oficiosa con el Sistema Interamericano de Protección de Derechos Humanos, y de hecho, ha recomendado su derogación constitucional.

La reforma mencionada incluye en su nuevo catálogo los siguientes delitos: abuso o violencia sexual contra menores, feminicidio, robo de casa habitación, uso de programas sociales con fines electorales, corrupción, robo al transporte de carga, robo de hidrocarburos, desaparición forzada de personas y cometida por particulares, y delitos en materia de armas de fuego y explosivos de uso exclusivo del Ejército, la Armada y la Fuerza Aérea.

Esta reforma es regresiva en términos de Derechos Humanos, ya que es totalmente contraria al principio de que la prisión preventiva oficiosa debería ser excepción y no regla.

Para aquellos imputados aun no condenados la regla debería ser la de llevar su proceso en libertad. Por otra parte, limita al juzgador ya que cada caso debería ser evaluado de manera independiente, y la prisión preventiva oficiosa no le permite al juez actuar conforme al caso específico.

Existe un informe de la Comisión Interamericana que señala que la aplicación arbitraria de la prisión preventiva es un lastre en nuestra sociedad, y que, el promover políticas públicas erróneas ha generado el uso desmedido de esta medida cautelar, que no genera ningún beneficio a la sociedad ni a su demanda de seguridad.

En ese informe la Comisión llega a la conclusión que *"El uso no excepcional de esta medida es uno de los problemas más graves y extendidos que enfrentan los Estados miembros de la Organización de los Estados Americanos (OEA) en cuanto al respeto y garantía de los derechos de las personas privadas de libertad.*

El uso excesivo de la prisión preventiva constituye un problema estructural inaceptable en una sociedad democrática que respeta el derecho de toda persona a la presunción de inocencia y representa una práctica contraria a la esencia misma del estado de derecho y a los valores que inspiran a una sociedad democrática"

El Pacto Internacional de Derechos Civiles y Políticos en su Artículo 9, numeral 3, expresa la excepcionalidad de la prisión preventiva: "(...) La prisión preventiva de las personas que hayan de ser juzgadas no debe ser la regla general, pero su libertad podrá estar subordinada a garantías que aseguren la comparecencia del acusado en el acto del juicio, o en cualquier momento de las diligencias procesales y, en su caso, para la ejecución del fallo" Asimismo la doctrina de la Comisión Interamericana sobre Derechos Humanos, establece: "que la prisión preventiva es una medida excepcional y que se aplica solamente en los casos en que haya sospecha razonable de que el acusado podrá evadir la justicia, obstaculizar la investigación preliminar intimidando a los testigos o destruir evidencias"

Sin duda el uso y abuso de esta medida representa de cierta forma el mal funcionamiento de los sistemas penales de los países.

Derivado de las Convenciones, la Corte Interamericana ha generado Jurisprudencia referente a la prisión preventiva; del análisis de ésta podemos encontrar los siguientes principios:

1) La Prisión Preventiva debe ser utilizada sólo como medida excepcional
2) Esta debe regirse por la proporcionalidad
3) Sólo debe ser utilizada en casos de extrema necesidad
4) La Prisión Preventiva no debería determinarse de acuerdo con la tipología del delito
5) Ésta no debe determinarse en base a la gravedad del delito

Es claro que haciendo un análisis de nuestra Constitución encontramos que estos principios no son respetados en nuestro país, ya que la prisión preventiva está basada en un catálogo de delitos considerados "graves" y que no consideran la proporcionalidad y el hecho de que exista la Prisión Preventiva Oficiosa no respeta la excepcionalidad ni deja al criterio del juzgador la necesidad o la proporcionalidad.

El debate jurídico surge cuando se quiere definir si la prisión preventiva oficiosa es o no violatoria del principio de presunción de inocencia.

El principio de presunción de inocencia lo podremos encontrar en el artículo 20, inciso B numeral I de la Constitución Política de los Estados Unidos Mexicanos y en él los artículos 12 y 13 del Código Nacional de Procedimientos Penales (que) indican: *"**Artículo 12.** Principio de juicio previo y debido proceso. Ninguna persona podrá ser condenada a una pena ni sometida a una medida de seguridad, sino en virtud de resolución dictada por un Órgano jurisdiccional previamente* *establecido, conforme a leyes expedidas con anterioridad al hecho, en un proceso sustanciado de manera imparcial y con apego estricto a los derechos humanos previstos en la Constitución, los Tratados y las leyes que de ellos emanen.* **Artículo 13**. *Principio de presunción de inocencia Toda persona se presume inocente y será tratada como tal en todas las etapas del procedimiento, mientras no se declare su responsabilidad mediante sentencia emitida por el Órgano jurisdiccional, en los términos señalados en este Código.* "

Vale la pena analizar el punto de vista de doctrinarios juristas reconocidos y expertos en la materia en sus definiciones sobre este derecho:

LUIGI LUCCHINI desde su punto de vista, señala que el Derecho a la Presunción de Inocencia representa un *"corolario lógico del fin racional asignado al proceso"* y la *"primera y fundamental garantía que el procesamiento asegura al ciudadano: presunción juris, como suele decirse, esto es, hasta prueba en contrario".*

LUIGI FERRAJOLI Nos indica que este derecho tiene al menos dos diversos significados garantistas y los cuales se encuentran de manera asociada mediante *"la regla de tratamiento del imputado que excluye o restringe al máximo la limitación de la libertad personal"* y *"la regla del juicio, que impone la carga acusatoria de la prueba hasta la absolución en caso de duda".*

HUMBERTO NOGUEIRA ALCALA señala: *"la presunción de inocencia es así el derecho que tienen todas las personas a que se considere como regla general que ellas actúan de acuerdo a la recta razón, comportándose de acuerdo a los valores, principios y reglas de ordenamiento jurídico, mientras un tribunal no adquiera la convicción, a través de los medios de prueba legal de su participación y responsabilidad en el hecho punible determinada por una sentencia firme y fundada, obtenida respetando todas y cada una de las reglas del debido y justo proceso, todo lo cual exige aplicar las medidas cautelares previstas en el proceso penal en forma restrictiva, para evitar el daño de personas* *inocentes mediante la afectación de sus derechos fundamentales, además de daño moral que eventualmente se les puede producir."*

OSVALDO A. GOZAINI en su análisis nos indica que el Principio de Presunción de Inocencia *"es un derecho del imputado, pero nunca una franquicia para su exculpación. Esto significa que la producción probatoria y el sistema de apreciación que tengan los jueces integran, en conjunto el principio de razonabilidad que se espera de toda decisión judicial."*

Si pretendiéramos desprender una definición clara del alcance y definir un concepto derivado del análisis que hacen los mencionados juristas al respecto, proponemos el siguiente:

"La Presunción de Inocencia es un Derecho Fundamental contemplado en la Constitución Política de los Estados Unidos Mexicanos y que señala que el imputado de un delito debe gozar de libertad en tanto que el órgano jurisdiccional no tenga pleno convencimiento sin lugar a duda razonable de que éste es autor o partícipe de dicho hecho de carácter delictivo o en otro tipo de infracciones mientras no se demuestre la culpabilidad; por ende, otorga el derecho a que no se apliquen las consecuencias a los efectos jurídicos privativos vinculados a tales hechos, en cualquier materia, por esto es que la prisión preventiva debería ser utilizada excepcionalmente, ya que es violatoria de este derecho."

En el caso de México la prisión preventiva tiene el componente además de ser oficiosa, siendo que en caso de que se asuma que el imputado pudiera ser autor o participe de uno de los delitos señalados en la constitución; dicho componente es antijurídico toda vez que es violatorio del Derecho de Presunción de Inocencia al prejuzgar a las personas en base a un catálogo de delitos que de entrada no le da la oportunidad a éste de defenderse adecuadamente, y otorga al imputado una pena anticipada sin previo juicio.

Es por estas razones que el principio mencionado está en constante tensión con otros derechos, tanto aquellos que protegen al individuo como aquellos que protegen a la sociedad en su conjunto.

El imputado debería gozar en todo momento de la misma situación jurídica y de trato que la víctima. Debe aclararse que el principio no afirma que el imputado sea en verdad inocente, sino que, no debe ser considerado culpable hasta la resolución que condena al final del procedimiento.

El fin último de la prisión preventiva es que el proceso se lleve a cabo de manera exitosa y su principal objetivo es asegurar la presencia del imputado y que se aplique la sanción correspondiente como resolución del conflicto penal; busca que el imputado no se sustraiga de la acción de la justicia y/u obstaculice de alguna manera la investigación.

La Prisión Preventiva Oficiosa se contrapone también al principio *IN DUBIO PRO-REO,* principio que opera desde la época del derecho romano, e indica que, en la duda, hay que estar en favor del acusado.

La prisión preventiva como medida cautelar es impuesta al principio del proceso penal, jamás debe considerarse una herramienta para la investigación. En nuestro país el problema de un incipiente Sistema Penal Acusatorio, Mixto y Adversarial radica principalmente en las graves deficiencias del Ministerio Público.

Si bien es cierto hay que reconocer que la motivación del legislador para crear un catálogo de delitos merecedores de Prisión Preventiva Oficiosa radica principalmente en el interés de que ésta sea una medida cautelar y no punitiva, pero en la práctica podríamos aseverar que esta es formalmente cautelar pero materialmente punitiva ya que finalmente tanto el culpable como el inocente tendrán que pasar al menos 4 a 6 meses o hasta dos años con su libertad restringida.

También es importante diferenciar el término "Prisión Preventiva" de "Prisión Preventiva Oficiosa" ya que el término oficiosa le da el matiz de "obligar" o de ser "automática" en cuanto el Ministerio Público logra establecer un posible indicio de la participación del imputado en un hecho que la ley marque como delito y que éste además sea parte del "catálogo constitucional" mencionado previamente.

La clase política ha intentado "venderle" a la ciudadanía que la Prisión Preventiva Oficiosa es una figura normal en un Estado Democrático, esto es totalmente falaz, ya que esta figura es utilizada normalmente en estados o regímenes autoritarios donde normalmente no existe o no es respetada la separación de poder ejecutivo y judicial.

En un verdadero estado de derecho, en un estado democrático, la privación de la libertad es una medida excepcional la cual no puede ser decidida por el fiscal únicamente, sino que es necesario hacer la petición al órgano jurisdiccional y éste tomar una determinación basada en criterios objetivos.

Existe la falsa creencia de que la Prisión Preventiva hace más eficaz el sistema de Justicia, nada más falso que esto, de hecho, por el contrario, el abusar de esta medida puede llegar a colapsar al sistema penitenciario. La

Prisión Preventiva Oficiosa daña la autonomía judicial y le da libertad a la autoridad investigadora a resolver lo que no le corresponde más allá de sus atribuciones, además de facilitar de que se encarcele a una persona sin más.

El Índice Global de Impunidad México 2018, presentado por el Centro de Estudios sobre Impunidad y Justicia-UDLAP, señala claramente que el promedio nacional del Índice de Impunidad (IGI-MEX 2018), "tomando en cuenta a las 32 entidades, aumentó a 69.84 puntos en comparación con la última medición de 2016 que fue de 67.42." El dato anteriormente mencionado es un claro ejemplo de que la Prisión Preventiva Oficiosa no resuelve de ninguna manera el grave problema de impunidad que se vive en nuestro país, esto toda vez que el "catálogo constitucional" de delitos graves que merecen la Prisión Preventiva Oficiosa ha sido reformado desde su primera inclusión en la Carta Magna en 2008, 2011 y 2019, y desde entonces el índice de impunidad ha aumentado de 56 a 67.42% ; de acuerdo al INEGI, la Tasa de incidencia delictiva por entidad federativa de ocurrencia por cada cien mil habitantes ha incrementado de 2010 al año 2018 de 30.563 a 39.35.

La prisión preventiva debería ser "la última ratio" y debería justificarse exclusivamente de manera individual según el caso. Únicamente de esta manera se preservaría la naturaleza cautelar de esta figura.

Las Naciones Unidas, y la Corte Interamericana de Derechos Humanos reiteran constantemente la necesidad de eliminar la Prisión Preventiva Oficiosa, a pesar de esto, el legislador mexicano insiste en ampliar el "catálogo" de delitos graves en el artículo 19 Constitucional, llegando incluso hoy a contemplar por la reforma del 12 de abril de 2019 delitos como "Uso de Programas Sociales con fines electorales, corrupción y delitos que atenten contra el libre desarrollo de la personalidad", esto es muy delicado, ya que este catálogo ahora no sólo contempla los delitos "de alto impacto" sino también aquellos que tienen un componente eminentemente político.

EL CAMINO DE LA LIBERTAD Y EL LIBRE DESARROLLO DE LA PERSONALIDAD

A pesar de que este derecho ha sido muy controvertido, y no tiene una clara definición, podemos intentar una aproximación a su definición conceptual:

En la personalidad confluyen varios aspectos tanto psicológicos como éticos los cuales son eminentemente extrajurídicos.

Cabe mencionar que es en Alemania donde se define por primera vez este derecho a nivel constitucional en la Ley Fundamental de la República Federal de Alemania en su artículo 2.1 que establece *"Toda persona tiene el derecho al libre desarrollo de su personalidad siempre que no viole los derechos de otra ni atente contra el orden constitucional o la ley"*.

El concepto podría ser definido de la siguiente manera: *"El derecho al libre desarrollo de la personalidad es la facultad que cada individuo tiene para elegir autónomamente su forma de vivir. Este derecho garantiza a los sujetos plena independencia para escoger, por ejemplo, su profesión, estado civil, pasatiempos, apariencia física, estudios o actividad laboral y sólo está limitado por el respeto a los derechos de los demás y el orden público"*

La esencia jurídica del libre desarrollo de la personalidad es el reconocimiento del estado al derecho natural de las personas a ser individualmente como quiera ser, sin controles, impedimentos de ninguna clase, es la realización de metas y sueños de cada persona que son autónomas con la única limitante del derecho ajeno y el orden público.

En la Declaración Universal de los Derechos Humanos, específicamente en los artículos 1,22 y 26 se aborda la igualdad, la libertad humana, los derechos sociales, culturales y económicos.

En la Constitución Política de los Estados Unidos Mexicanos no es posible encontrar este derecho de manera expresa, pero sí de manera implícita, a pesar de esto ha encontrado reconocimiento en diversas resoluciones de la Suprema Corte de Justicia.

Para entender el libre desarrollo de la personalidad debemos necesariamente comprender los conceptos de dignidad y responsabilidad, esto toda vez que la dignidad es aceptar el propio valor de la persona, su libertad y sus derechos, y por otro lado, la responsabilidad es el considerar los derechos y el valor de las demás personas, por lo tanto, la autodeterminación, el orden público y el compromiso con el derecho ajeno como las únicas limitantes.

El derecho al libre desarrollo de la personalidad tutela especialmente la libertad de elección en todas las etapas del desarrollo humano, es decir es un derecho que tutela a todas las personas sin importar edad, sexo biológico, condición social, etc.

La personalidad está definida por tres elementos: Constitución (características somáticas, físicas y biológicas), Temperamento (características afectivas, incluyendo factores sociológicos, sociales y culturales) y Carácter (manifestaciones de reacción de una persona, incluyendo la autopercepción y los objetivos, metas y sueños muy personales), inciden también en la personalidad las experiencias propias y ajenas, así como la historia personal.

El desarrollo de la personalidad es integral y complejo relacionado a los factores antes mencionados, y por esta razón la defensa de este derecho humano debe buscar que se garantice el desenvolvimiento de las capacidades de las personas sin obstáculos para su integración a la sociedad y el respeto al derecho a ser diferente.

La Suprema Corte de Justicia señala al respecto en el Amparo Directo 6/2008 lo siguiente:

"DERECHO AL LIBRE DESARROLLO DE LA PERSONALIDAD. ASPECTOS QUE COMPRENDE.

De la dignidad humana, como derecho fundamental superior reconocido por el orden jurídico mexicano, deriva, entre otros derechos personalísimos, el de todo individuo a elegir en forma libre y autónoma su proyecto de vida. Así, acorde a la doctrina y jurisprudencia comparadas, tal derecho es el reconocimiento del Estado sobre la facultad natural de toda persona a ser individualmente como quiere ser, sin coacción ni controles injustificados, con el fin de cumplir las metas u objetivos que se ha fijado, de acuerdo con sus valores, ideas, expectativas, gustos, etcétera. Por tanto, el libre desarrollo de la personalidad comprende, entre otras expresiones, la libertad de contraer matrimonio o no hacerlo; de procrear hijos y cuántos, o bien, decidir no tenerlos; de escoger su apariencia personal; su profesión o actividad laboral, así como la libre opción sexual, en tanto que todos estos aspectos son parte de la forma en que una persona desea proyectarse y vivir su vida y que, por tanto, sólo a ella corresponde decidir autónomamente."

Vale la pena señalar que para la protección del derecho al libre desarrollo de la personalidad es necesario combatir la discriminación desde el adecuado desarrollo de cuerpos normativos, la creación de políticas públicas con este enfoque, y la capacitación en todos los niveles de gobierno, la discriminación es una amenaza real y latente que debe ser atacada con políticas públicas adecuadas y educación.

EL CAMINO DE LA LIBERTAD IDEOLÓGICA, FILOSÓFICA Y DE CULTO

También llamados Derechos Intelectuales cuyo bien jurídico tutelado es el rechazo a cualquier forma de coerción o discriminación por razones de creencias, tanto religiosas como filosóficas, políticas, de pensamiento y conciencia.

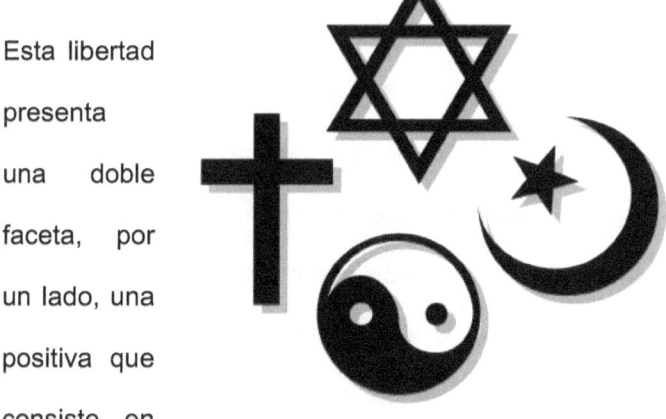

Esta libertad presenta una doble faceta, por un lado, una positiva que consiste en creer y pensar en lo que uno libremente adopte y otra negativa que consiste en el derecho de no verse obligado a declarar sus propias creencias libremente adoptadas.

El titular de este derecho es la persona y las opciones elegidas por la persona pertenecen al ámbito del derecho privado.

El artículo 24 de la Constitución Política de los Estados Unidos Mexicanos señala que *"Toda persona tiene derecho a la libertad de convicciones éticas, de conciencia y de religión, y a tener o adoptar, en su caso, la de su agrado. Esta libertad incluye el derecho de participar, individual o colectivamente, tanto en público como en privado, en las ceremonias, devociones o actos del culto respectivo, siempre que no constituyan un delito o falta penados por la ley. Nadie podrá utilizar los actos públicos de expresión de esta libertad con fines políticos, de proselitismo o de propaganda política."*

En cuanto a la libertad de conciencia la podemos definir como la libertad de determinar cuáles son los principios y valores que rigen la existencia de las personas.

Asimismo, la libertad de conciencia es una que se encuentra entre la libertad de pensamiento y opinión y la libertad religiosa y de culto. Ésta se encuentra relacionada directamente a la convicción ética, la filosofía personal y la autodeterminación de principios.

La libertad religiosa y de culto puede definirse como un conjunto de prácticas y creencias que las personas desarrollan con el objeto de establecer una relación con la o las deidades o divinidades en las que tienen fe. Esta libertad le brinda a las personas el derecho de elección, manifestación y práctica sin más limitantes que el orden público y la legalidad con la garantía de no sufrir coacción o imposición alguna.

EL CAMINO DE LA LIBERTAD EN REDES SOCIALES Y LA TECNOLOGÍA

El internet y las redes sociales se han convertido en un medio de control total. Hoy se sabe todo sobre nosotros, nuestra vida, trabajo, gustos, qué compramos, cuánto pagamos por ello, qué hacemos a qué hora nos levantamos, qué comemos, a dónde viajamos, con quién salimos, quiénes son nuestros amigos, etc. Jeremy Bentham en el año 1791 creó un modelo de prisión Panóptico, este término proviene de la raíz griega "verlo todo" (*pan- opticón*), y, tal y como el nombre hace entender, estaba basado en una construcción circular opaca por la cara exterior y clara internamente, de tal modo que, al colocar una torre de vigilancia en medio, sería posible vigilar a todos los prisioneros al mismo tiempo, y esto con un mínimo consumo económico y personal.

Lo que resulta muy interesante de este tipo de prisión es que la torre principal de guardia debería estar tapada con celosías de tal modo que el guardia en el interior tendría la posibilidad de observar hacia afuera, mientras que los internos no tendrían la menor idea de si los estarían vigilando en ese momento en específico o no. Con este sistema se lograba tener un control total y absoluto de todo lo que pudiera suceder en cualquier rincón de esta prisión.

Esta cárcel hoy existe y cubre todo el mundo, es el "mundo online", y adentro de ella se engaña a los que somos prisioneros creando una falsa ilusión de libertad mientras se nos supervisa y controla perfectamente de una manera muy sutil.

LA LIBERTAD DE EXPRESIÓN, ¿DERECHO ABSOLUTO?, ¿CUÁLES SON SUS LÍMITES?

La Declaración Universal de Derechos Humanos en su artículo 19 nos señala que *"Todo individuo tiene derecho a la libertad de opinión y de expresión; este derecho incluye el de no ser molestado a causa de sus opiniones, el de investigar y recibir informaciones y opiniones, y el de difundirlas, sin limitación de fronteras, por cualquier medio de expresión."*

Queda establecido de manera muy clara que todos podemos expresarnos y dar nuestra opinión sobre cualquier tema, e incluso se relaciona de manera directa con el derecho a NO ser molestado en razón de aquellas opiniones vertidas, así mismo nos abre un panorama en cuanto a libertad de investigar, recibir información y de difundirla por cualquier medio de expresión, es decir que podemos a través de medios de comunicación e incluso hoy a través de redes sociales expresar nuestro pensar y nuestro sentir sin que nadie deba molestarnos, incluso si lo que decimos es materia de discusión política, religiosa, educación, etc.

Sin embargo la misma declaración en su artículo 29 fracciones 2 y 3 pone límites a la manifestación de las ideas:

"...

2. En el ejercicio de sus derechos y en el disfrute de sus libertades, toda persona estará solamente sujeta a las limitaciones establecidas por la ley con el único fin de asegurar el reconocimiento y el respeto de los derechos

y libertades de los demás, y de satisfacer las justas

exigencias de la moral, del orden público y del bienestar

general en una sociedad democrática.

3. Estos derechos y libertades no podrán en ningún caso

ser ejercidos en oposición a los propósitos y principios de

las Naciones Unidas."

Por otra parte la Convención Americana sobre Derechos
Humanos en su artículo 13 fracciones 1, 2 y 5 va mucho
más allá y además nos pone algunos límites a la libertad
de expresión a través de señalar responsabilidades
ulteriores y prohíbe incluso la apología de odio:

"1. Toda persona tiene derecho a la libertad de

pensamiento y de expresión. Este derecho comprende la

libertad de buscar, recibir y difundir informaciones e ideas

de toda índole, sin consideración de fronteras, ya sea

oralmente, por escrito o en forma impresa o artística, o

por cualquier otro procedimiento de su elección.

2. El ejercicio del derecho previsto en el inciso precedente no puede estar sujeto a previa censura sino a responsabilidades ulteriores, las que deben estar expresamente fijadas por la ley y ser necesarias para asegurar:

a. el respeto a los derechos o a la reputación de los demás, o

b. la protección de la seguridad nacional, el orden público o la salud o la moral públicas.

...

5. Estará prohibida por la ley toda propaganda en favor de la guerra y toda apología del odio nacional, racial o religioso que constituyan incitaciones a la violencia o cualquier otra acción ilegal similar contra cualquier persona o grupo de personas, por ningún motivo, inclusive los de raza, color, religión, idioma u origen nacional."

Así mismo nuestra Carta Magna en los artículos 6 y 7 se armoniza con los tratados mencionados al señalar la garantía constitucional a la libre manifestación de las ideas, pero pone también límites muy claros:

Artículo 6°.- La manifestación de las ideas no será objeto de ninguna inquisición judicial o administrativa, sino en el caso de que ataque a la moral, los derechos de tercero, provoque algún delito, o perturbe el orden público; el derecho de réplica será ejercido en los términos dispuestos por la ley. ….

Artículo 7o. Es inviolable la libertad de difundir opiniones, información e ideas, a través de cualquier medio. No se puede restringir este derecho por vías o medios indirectos, tales como el abuso de controles oficiales o particulares, de papel para periódicos, de frecuencias radioeléctricas o de enseres y aparatos usados en la difusión de información o por cualesquiera otros medios y tecnologías de la información y comunicación encaminados a impedir la transmisión y circulación de ideas y opiniones.

Ninguna ley ni autoridad puede establecer la previa censura, ni coartar la libertad de difusión, que no tiene más límites que los previstos en el primer párrafo del artículo 6o. de esta Constitución. ...

Si bien es cierto que nuestra constitución garantiza el derecho a la información también lo es que impone límites, ahora bien, la Suprema Corte de Justicia de la Nación ha señalado en tesis Jurisprudencial (P./J. 26/2007) cuales son estos límites:

LIBERTAD DE EXPRESIÓN. SUS LÍMITES.

...

Sin embargo, la prohibición de la censura no significa que la libertad de expresión no tenga límites, o que el legislador no esté legitimado para emitir normas sobre el modo de su ejercicio. Lo anterior significa que estos límites no pueden hacerse valer mediante un mecanismo por el cual una autoridad excluya sin más la entrada de un determinado mensaje al debate público por estar en desacuerdo con su contenido, sino a través de la atribución de responsabilidades -civiles, penales, administrativas- posteriores a la difusión del mensaje; además, el indicado artículo 7o. constitucional evidencia con claridad la intención de contener dentro de parámetros estrictos las limitaciones a la libertad de expresión al establecer que ésta "... no tiene más límites que el respeto a la vida privada, a la moral y a la paz pública.

...

Una vez que nos ha quedado claro que la libre expresión y manifestación de las ideas si ES UN DERECHO FUNDAMENTAL, reconocido como parte de la dignidad de las personas, que todo individuo tiene capacidad de desarrollo autónomo de ideas, y que adquiere un sentido pleno cuando estas ideas se exteriorizan y adquiere así entonces un sentido de LIBERTAD.

De esta forma es que la libertad de expresión y manifestación de las ideas se convierte de manera automática en el complemento de la libertad de pensamiento y forma parte de la cadena de derechos humanos, dando sentido a los principios de interdependencia e indivisibilidad.

También nos queda claro entonces que este no es un derecho ABSOLUTO, que tiene LÍMITES, que estos son restrictivos conforme a la preservación de otros derechos fundamentales, que esta restricción aplica en cualquiera de sus manifestaciones y que puede y DEBE estar sujeto a restricciones que preserven esos otros derechos, especialmente en cuanto a la apología del delito, el odio y la discriminación, ya que utilizar este derecho con una excusa perversa para poder atacar a una persona o a un colectivo de personas lo hace abusivo, arbitrario e inconstitucional, esto además es muy grave cuando viene de parte de una autoridad o funcionario público de cualquier nivel de gobierno.

CONCLUSIÓN

La libertad no es un derecho simple, es por el contrario
uno complejo y compuesto
por una serie de derechos
que abarcan la libertad
física, de tránsito, libre
desarrollo de la
personalidad, libertad
ideológica, filosófica, de
culto, libertad de

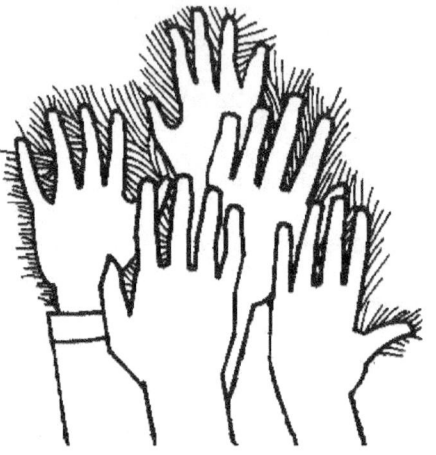

pensamiento, económica, de mercado, libertad de
expresión, etc.

Todo este catálogo de derechos complejos y que se
entrelazan, mezclan y confunden conforman el derecho a
la libertad.

Junto con la libertad nacen sus límites y de los límites
nace la libertad, de hecho, por la existencia del límite es
posible la existencia de la libertad, el concepto de libertad

debe entenderse que coexiste con un par de limitantes externas y una limitante interna:

Como limitantes externas se encuentran por un lado el orden público entendido éste como los límites que las personas y el estado tienen y que está regido por todo el ordenamiento jurídico de la nación, igualmente está estrechamente ligado a la protección y promoción del libre ejercicio de los derechos humanos reconocidos en la Constitución y los tratados Internacionales de los cuales nuestro país forma parte.

Por el otro lado, el respeto a los derechos de los demás es el otro límite de la libertad, y el garante de la convivencia sana y grata en una población. Los derechos humanos son los que las personas tienen por el simple hecho de existir. Se formulan como normas con un fuerte contenido ético, consecuencias políticas y garantías legales recogidas en los ordenamientos jurídicos nacionales e internacionales.

Desde una perspectiva ética, y derecho humanista, estos límites se encuentran en el reconocimiento de la dignidad de la persona, pero incluyen también las condiciones mínimas y necesarias para la convivencia social y conforme a esa dignidad. Es decir, el límite que marca el derecho del otro se puede entender con la frase del Lic. Benito Juarez enunciada un 15 de julio de 1867, en el manifiesto que expidió al entrar a la Ciudad de México tras la derrota y fusilamiento de Maximiliano I de Habsburgo *"..Mexicanos: encaminemos ahora todos nuestros esfuerzos a obtener y a consolidar los beneficios de la paz. Bajo sus auspicios, será eficaz la protección de las leyes y de las autoridades para los derechos de todos los habitantes de la República. Que el pueblo y el gobierno respeten los derechos de todos. Entre los individuos, como entre las naciones, el respeto al derecho ajeno es la paz."*

La limitante interna es aquella que Rousseau percibía como la *libertad moral "que es la única que convierte al hombre en amo de sí mismo"* es la capacidad de autorregulación moral, basada en un complejo sistema de aprendizajes, experiencias pasadas, y se encuentra estrechamente relacionada al sistema de creencias.

Al final la libertad de elegir entre lo "bueno y lo malo" es también eso, libertad.

BIBLIOGRAFÍA

Constitución Política de los Estados Unidos Mexicanos. Diario Oficial de la Federación TEXTO VIGENTE, Última reforma publicada DOF 06-06-2019

Código Nacional de Procedimientos Penales. Diario Oficial de la Federación, TEXTO VIGENTE, Última reforma publicada DOF 17-06-2016

Foucault, Michel. 1999. La ética del cuidado de sí como práctica de la libertad. En Obras esenciales III. Estética, ética y hermenéutica, 474. Barcelona: Paidós Básica

Coloquio Internacional de la Fundación Friedrich Naumann (14o.: 1981 sep. 20-22 : Túnez). Los medios de comunicación social al servicio de los derechos humanos y del desarrollo. Bonn [Alemania], FFN, 1982. 210 p.

Chomsky, Noam; Herman, Edward S.. Los guardianes de la libertad: propaganda, desinformación y consenso en los medios de comunicación de masas. Barcelona, Grijalbo Mondadori, 1990, 373

Boni, A. (2007): "Derechos Humanos", en Diccionario de Educación para el Desarrollo. Instituto Hegoa. Bilbao.

Consejo de Europa (1950): Convenio Europeo para la Protección de los Derechos Humanos y de las Libertades Fundamentales, hecho en Roma el 4 de noviembre de 1950. Entrada en vigor: 3 de septiembre de 1953.

Montesquieu (Charles Louis De Secondat, Baron de) Del Espiritu De Las Leyes, Editorial: Porrua, México, 2007

Naciones Unidas (1948): Declaración Universal de los Derechos Humanos. Adoptada proclamada por la Asamblea General en su Resolución 217 A (iii), de 10 de diciembre de 1948.

Naciones Unidas (1966): Pacto Internacional de Derechos Civiles y Políticos. Resolución 2200 A (XXI), de 16 de diciembre de 1966, de la Asamblea General.

Naciones Unidas (1966): Pacto Internacional de Derechos Económicos, Sociales y Culturales. Resolución 2200 A (XXI), de 16 de diciembre de 1966, de la Asamblea General.

Naciones Unidas (1979): Convención sobre la eliminación de todas las formas de discriminación contra la mujer. Resolución 34/180, de 18 de diciembre de 1979, de la Asamblea General.

Naciones Unidas (1984): Convención contra la Tortura y otros Tratos o Penas Crueles, Inhumanos o Degradantes. Resolución 39/46, de 10 de diciembre de 1984, de la Asamblea General.

Naciones Unidas (1994): Declaración sobre la eliminación de todas las formas de discriminación contra la mujer. Resolución A/RES/48/104, de diciembre de 1993, de la Asamblea General.

Naciones Unidas (1999): Declaración sobre el derecho y el deber de los individuos, los grupos y las instituciones de promover y proteger los derechos humanos y las libertades fundamentales universalmente reconocidos. Distr. General, A/RES/53/144. Ginebra.

Stavenhagen, Rodolfo. Derechos humanos y cuestiones indígenas: informe del relator especial sobre la situación de los derechos humanos y las libertades fundamentales de los indígenas. México: Organización de Naciones Unidas Consejo Económico y Social, 2003.

Trindade, Antonio Augusto Cancado. Derecho internacional de los derechos humanos: esencia y trascendencia: (votos en la corte Interamericana de derechos humanos, 1991-2006). México: Editorial Porrúa/Universidad Iberoamericana, 2007.

Trindade, Antonio Augusto Cancado. El derecho internacional de los derechos humanos en el siglo XXI. Santiago de Chile/México: Jurídica de Chile, 2001.

Definición de Libertad de expresión. (s.f). Extraído el 11 de Octubre de 2018 de http://definicion.de/libertad-de-expresion/

Revolución Francesa. (2011). Extraído el 11 de octubre de 2018 de http://historiauniversalprepa10.blogspot.com/2011/03/revolucion-francesa.html

Tipos de Libertad. (2008). Extraído el 11 de octubre de 2018 de http://www.siendolibre.com/tipos-de-libertad.html

ORGANIZACIONES DE LOS DERECHOS HUMANOS. Extraído el 18 de Octubre de 2018 de http://www.humanrights.com/es/voices-for-human-rights/human-rights-organizations/non-governmental.html

INEGI. (2017). Tasa de incidencia delictiva por entidad federativa . Junio 2019, de INEGI Sitio web: https://www.inegi.org.mx/temas/incidencia/

Centro de Estudios sobre Impunidad y Justicia-UDLAP. (2018). Índice Global de Impunidad México 2018. Junio 2019, de UDLAP Sitio web: https://www.udlap.mx/igimex/Default.aspx

Organización de las Naciones Unidas, Proyecto La Ruta del Esclavo, Francia 2010, recuperado de http://www.cinu.mx/ruta-esclavo/cronologia-de-la-esclavitud.php